Cómo nos comunicamos

por Elizabeth Moore

Consultora:
Adria F. Klein, Ph.D.
California State University, San Bernardino

capstone
classroom
Heinemann Raintree • Red Brick Learning
division of Capstone

Nos comunicamos de muchas maneras.

Nos comunicamos cuando hablamos y cuando escribimos.

Hablamos con nuestra familia.

Hablamos cuando jugamos juntos.

Hablamos con los amigos.

Hablamos con los amigos por teléfono.

Enviamos cartas a nuestros amigos.

Enviar cartas es una manera de comunicarse.

Enviamos mensajes por correo electrónico a nuestros amigos.

Los mensajes de correo electrónico son una manera de comunicarse.

A veces, las personas usan el lenguaje de señas.

Usar el lenguaje de señas es una manera de comunicarse.

A veces, las personas usan señales.

Usar señales es una manera de comunicarse.

¿Cómo te comunicas?